CONCOURS
DE L'ÉCOLE
DES
BEAUX-ARTS
(MÉDAILLES ET MENTIONS)

Dessinés d'après les originaux et gravés à l'eau-forte par

J. BOUSSARD
ARCHITECTE, ANCIEN ÉLÈVE DE L'ÉCOLE DES BEAUX-ARTS

SECONDE SÉRIE

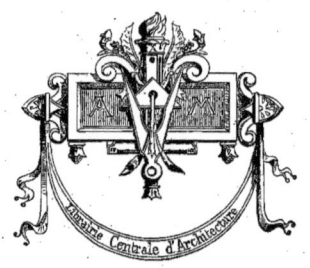

PARIS
Vᵉ A. MOREL ET Cⁱᵉ, ÉDITEURS
13, RUE BONAPARTE, 13

M DCCC LXXV

CONCOURS

DE L'ÉCOLE

DES BEAUX-ARTS

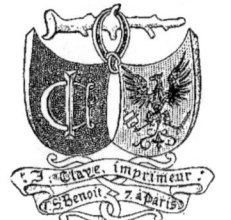

CONCOURS

DE L'ÉCOLE

DES

BEAUX-ARTS

(MÉDAILLES ET MENTIONS)

Dessinés d'après les originaux et gravés à l'eau-forte par,

J. BOUSSARD

ARCHITECTE, ANCIEN ÉLÈVE DE L'ÉCOLE DES BEAUX-ARTS

SECONDE SÉRIE

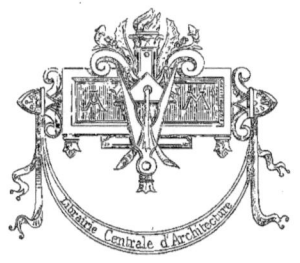

PARIS

Vᵉ A. MOREL ET Cⁱᵉ, ÉDITEURS

13, RUE BONAPARTE, 13

M DCCC LXXV

CONCOURS
DE
L'ÉCOLE DES BEAUX-ARTS

DEUXIÈME SÉRIE
ESQUISSES DE DOUZE HEURES

PROGRAMMES ORIGINAUX
(Toutes les échelles indiquées sont celles des programmes originaux.)

PLANCHES XXXVII ET XXXVIII. — UN PETIT MONUMENT DESTINÉ A RENFERMER UNE IMAGE MIRACULEUSE.
M. CLÉRET (1874)

Ce monument, élevé dans l'intérieur d'une église, consisterait en un édicule à l'instar de ceux de ce genre que l'on voit dans quelques églises d'Italie, et qui sont devenus célèbres par les pèlerinages auxquels les images ou les reliques qu'ils renferment donnent lieu : tels sont ceux des madones de Lorette, du Chêne, d'Assise, etc.,

Il y aurait dans cet édicule, qui serait richement décoré tant à l'intérieur qu'à l'extérieur, un autel au-dessus duquel serait exposée l'image miraculeuse ou les reliques, objets de la vénération des fidèles.

Les diverses circonstances de la vie du saint y seraient retracées par des peintures ou des sculptures disposées de manière à présenter une décoration convenable.

La face principale, ouverte afin que l'on puisse en apercevoir l'intérieur, serait tournée vers l'entrée de l'église. Il pourrait être entouré d'une enceinte à hauteur d'appui, formée soit par une belle grille, soit par une riche balustrade.

On ne détermine pas quelle sera la forme de ce petit monument, on fera seulement observer que sa disposition devra être telle que la circulation intérieure de l'église dans laquelle il serait élevé ne soit pas interceptée et que son caractère religieux devra porter au recueillement.

Plus grande dimension 8 mètres. Plan $0^m,002$; plan église, $0^m,01$.

NOTA. *Les fonds ont été entièrement modifiés.*

Planches XXXIX et XLI. — Cabinet de lecture.

M. Paulin (1870)

Ce petit établissement se composerait d'une salle de lecture contenant un choix de livres, laquelle serait précédée d'un portique ouvert sous lequel se placeraient aussi les lecteurs qui préféreraient l'air libre et la vue du paysage.

Quelques cabinets pour l'étude accompagneraient la salle principale et deux ou trois pièces avec entresol seraient occupées par le chef de l'établissement et sa famille.

Le terrain est à volonté, mais on devra se renfermer dans des dimensions raisonnables.

Plan 0^m,005 ; élévation 0^m,01.

Nota. *L'ensemble du paysage a dû être refait pour se prêter à l'interprétation par l'eau-forte.*

Planches XL et XLI. — Une Bastide sur les bords de la Méditerranée.

M. Navarre (1871)

Le programme imposé aux concurrents demandait un projet de villa sur les bords de la Méditerranée. Ce genre de construction, baptisé du nom de Bastide dans le midi de la France, a fourni à M. Navarre l'occasion de produire une œuvre extrêmement originale au rendu de laquelle nous n'avons apporté que des modifications insignifiantes.

Planche XLII. — Cheminée pour un ministère de la marine.

M. Lafollye (1854)

Les anciens palais du Moyen Age, de la Renaissance et même ceux de l'époque moderne fournissent des exemples de l'importance que peuvent avoir des cheminées dans la décoration intérieure des grandes pièces d'apparat. Celle qui fait le sujet de ce programme pourrait égaler en richesse et en dimensions ce que ces exemples nous offrent de plus remarquable en ce genre.

Tous les éléments dont elle se compose doivent être caractéristiques.

La largeur de la face du salon dont cette cheminée formera le principal motif de décoration n'excédera pas 10 mètres. Quant aux autres dimensions elles sont indéterminées.

Plan 0^m,01 ; élévation 0^m,04.

Nota. *Le rendu a été conservé sans changement sérieux.*

Planche XLIII. — Porte de Jardin des plantes.

M. Mazois (1806)

Nous n'avons pu retrouver le programme de cette esquisse, à laquelle nous avons conservé la physionomie du dessin de l'original.

ESQUISSES DE DOUZE HEURES.

PLANCHES XLIV ET XLV. — UNE GLACIÈRE.

M. HÉBERT (1812)

Même observation que pour l'esquisse précédente.

PLANCHE XLVI. — UN OBSERVATOIRE DE PLAISANCE.

M. ARNAUD (1872)

Ce petit édifice, destiné à l'embellissement d'un parc, serait élevé sur le point culminant et de convergence des avenues d'un jardin disposé en amphitéâtre.

Il se composera d'une pièce d'entrée en saillie sur le corps principal du bâtiment, lequel renfermera un escalier correspondant aux différents balcons de repos, distribués en saillie sur la hauteur de l'observatoire.

Au sommet, une plate-forme couverte aura l'étendue convenable à sa destination.

Cette plate-forme sera agrandie au moyen d'un encorbellement formant corniche. La hauteur totale sera de 20 mètres.

Plan et coupe $0^m,005$; élévation double.

NOTA. *Les fonds ont été entièrement refaits.*

PLANCHES XLVII ET XLVIII. — UN TOMBEAU DE FAMILLE.

M. TH. DAUPHIN (1871)

Ce monument destiné à réunir en une même demeure les dépouilles mortelles d'une nombreuse et puissante famille, se composera d'une chambre sépulcrale en forme de chapelle.

Le pavé sera divisé en compartiments réguliers correspondants à autant de cases disposées pour le dépôt des cercueils.

Une place distinctive sera réservée au chef de la famille.

On placera au fond un prie-Dieu en forme d'autel.

La chambre sépulcrale sera précédée d'un porche d'ordre grec. On y appliquera le mode le plus convenable au caractère du monument, en tenant compte des exigences du genre grec.

NOTA. *Le rendu a été conservé.*

PLANCHES XLIX ET LI. — PAVILLON D'AGRÉMENT SUR UN ÉTANG.

M. DUTERT (1862)

Ce pavillon qui aurait pour base un rocher, serait élevé sur un soubassement dans lequel se trouveraient une grotte ou salle fraîche et des cases pour abriter des oiseaux aquatiques. Le pavillon proprement dit serait entouré d'une terrasse ornée de statues, de jets d'eau et de fleurs. On y arriverait par un escalier extérieur qui partant du niveau de l'eau, où serait un embarcadère, franchirait toute la hauteur du soubassement. Il serait utile qu'un escalier intérieur facilitât l'accès de la grotte au sol du pavillon qui serait orné extérieurement et intérieurement de tout le luxe admissible pour un semblable édifice. La plus grande dimension du terrain y compris le soubassement n'excédera pas 12 mètres. L'embarcadère et l'escalier pourront être en dehors de cette mesure.

NOTA. *De légères modifications ont été apportées au rendu de cette esquisse.*

PLANCHES L ET LI. — PORTE DE CIMETIÈRE.

M. NORMAND (1855)

Cette porte devra être d'un caractère grave et monumental, sera dégagée à l'extérieur de toute construction et distribution de détail nuisible à son effet. On pratiquera donc à l'intérieur deux petits logements, l'un pour le portier, l'autre pour l'agent préposé à la surveillance et à la conservation des tombeaux.

L'entrée fermée par des vantaux de bronze, devra être assez large pour livrer facilement passage aux convois.

Les inscriptions, figures ou attributs faisant partie de la décoration rappelleront particulièrement les pensées consolantes du christianisme.

La plus grande dimension n'excédera pas 25 mètres.

Plan 0^m,005; élévation 0^m.01.

NOTA. *Les fonds ont été refaits.*

PLANCHES LII ET LIV. — UNE ENTRÉE D'HOTEL.

M. DANJOY (1865)

Cet hôtel doit avoir son entrée sur un pan coupé à l'angle de deux rues : le plan doit indiquer les amorces des pièces, salles, escaliers et cours dans lesquels cette entrée donnerait accès.

PLANCHES LIII ET LIV. — SALLE DE BILLARD.

M. ROUX (1869)

Cette salle, à l'instar de la salle de billard de la villa Albani, serait située dans les jardins d'une maison de plaisance d'un riche amateur des arts.

Elle serait précédée d'un portique et d'un divan ou petit salon pour les fumeurs.

Cette dépendance peut être entièrement isolée, comme à la villa précitée, ou reliée par le portique au corps de logis principal dont elle formerait une des ailes, l'autre servant de musée. Dans ce cas on indiquerait les dispositions générales par un croquis de plan en masse.

Le tout serait orné d'objets d'art et manifesterait, par l'élégance du style, le goût judicieux du propriétaire.

Terrain à volonté.

Plan 0^m,005 ; élévation double.

NOTA. *Le rendu n'a pas été modifié.*

PLANCHE LV. — UN BÉNITIER.

M. VILLAIN (1849)

L'énonciation de cette esquisse comporte avec elle le programme de cette œuvre.

PLANCHES LVI ET LIX. — PORTE DE PARC.

M. A. LEBRUN (1862)

La porte à projeter, celle d'un parc de chasse dépendant d'un château dont elle serait un des points de vue, pourrait être très-richement décorée. Des passages distincts y seraient réservés pour les chevaux et les voitures, et pour les piétons. Elle sera accompagnée d'un petit logement de concierge ou garde-chasse et d'une petite buvette.

Un ou deux petits escaliers intérieurs ou extérieurs conduiront à une terrasse couverte ou découverte ; formant tout ou partie du couronnement de la porte.

Cette porte, avec tous les accessoires qu'on y voudra ajouter, aura un aspect pittoresque quoique régulier.

Les dimensions du terrain sont indéterminées.

Plan et coupe 0^m,005 ; élévation au double.

NOTA. *Les premiers plans ont été légèrement modifiés.*

PLANCHES LVII ET LIX — MAISON DE GARDE-CHASSE.

M. A. NORMAND (1855)

Ce bâtiment, destiné à l'habitation d'un garde-chasse et de sa famille, serait situé en face de l'entrée d'un parc d'une résidence impériale, à l'embranchement de deux routes formant entre elles un angle de 60°.

Il contiendra au rez-de-chaussée une salle commune, une petite cuisine, une serre, une petite écurie, un escalier.

Au 1er étage : des chambres à l'usage de la famille et au-dessus une petite loge pour faciliter la surveillance dans toutes les directions.

Les constructions n'excéderont pas 12 mètres dans leur plus grande dimension.

Plan 0^m,005 ; élévation 0,^{m}01.

NOTA. *Le paysage a été entièrement créé.*

PLANCHES LVIII ET LIX. — UN CONFESSIONNAL.

M. PAULIN (1867)

Le confessionnal proposé serait dans une des chapelles accessoires d'une église paroissiale et contribuerait à sa décoration. Il se composerait de trois compartiments; celui du milieu, destiné au confesseur, contiendra un siége commode avec ses accoudoirs et sera percé latéralement de deux ouvertures grillées, avec leurs volets pour communiquer à droite et à gauche. Cette cellule doit être fermée par une porte pleine par le bas et à jour par le haut.

Les deux compartiments latéraux, destinés aux pénitents, seront ouverts et renfermeront chacun un prie-Dieu pour s'agenouiller.

Ce confessionnal exécuté en menuiserie, sera orné d'attributs caractéristiques. Il n'excédera pas 3 mètres dans sa largeur.

Plan et coupe à $0^m,025$; élévation au double.

NOTA. *Les fonds seuls ont été modifiés.*

PLANCHE LX. — UNE CHAPELLE FUNÉRAIRE.

M. FEUCHÈRE (1867)

Le programme demandait aux concurrents, l'étude d'un monument funéraire à élever à la mémoire des soldats morts pendant la campagne du Mexique. Situé au sommet d'une colline, l'accès devait en être facilité par des rampes et des terrasses superposées. Autour de la chapelle principale serait disposée une série de petits monuments funéraires destinés à rappeler la mémoire des principaux officiers morts pendant cette campagne. Le détail de l'un de ces monuments devra accompagner le projet d'ensemble.

NOTA. *Aucune modification n'a été apportée au rendu.*

PLANCHES LXI ET LXII. — HÔTEL SUR UN PAN COUPÉ.

M. H. MAYEUX (1866)

Même programme que planche LII.

PLANCHES LXIII ET LXIV — THÉATRE EN PLEIN AIR.

M. E. NAVARRE (1873)

Dans plusieurs des villes qui s'élèvent autour du lac Majeur, il existe des théâtres en verdure. On suppose qu'un riche amateur de l'art dramatique veut imiter dans les jardins de sa maison de plaisance ces sortes d'édifices plutôt plantés que construits.

ESQUISSES DE DOUZE HEURES.

La salle proposée se composerait en effet de gradins de gazon et de loges taillées dans la verdure, mais la scène serait construite à la manière des anciens et formerait, en dehors des représentations, l'ornement principal du bosquet. Le fond serait fermé par un rideau qui s'ouvrirait sur un point de vue agréable lorsque la scène se passerait à la campagne; on ménagera sur les côtés un petit salon et quelques loges d'acteurs.

Le tout serait orné de statues, colonnes isolées, etc.

Le terrain à volonté.

Plan 0^m,0025; élévation double.

Nota. *Pas de modifications au rendu.*

PLANCHE LXV. — DÉCORATION D'UN PUITS.

M. F. ROUX (1869)

Ce puits placé entre un jardin botanique et un jardin potager, dépendants de la même propriété, sera disposé de manière à pouvoir servir également aux deux jardins, bien que le sol du jardin botanique doit être supposé de 2 ou 3 mètres plus élevé que celui du potager.

Des réservoirs propres à tirer de l'eau du puits y seront placés, des deux côtés, pour le service de chaque jardin.

La décoration du puits sera architectonique. On y fera entrer un cadran solaire et un indicateur des vents. La façade, y compris les réservoirs, n'aura pas plus de 8 mètres de largeur.

Plan et coupe à 0^m,0075, et l'élévation, côté du potager, à 0^m,015.

Nota. *Les premiers plans seuls ont été changés.*

PLANCHES LXVI ET LVIII. — TRAVÉE D'UNE NEF.

M. G. DUVAL (1874)

Le programme imposé consistait à décorer la travée d'une nef d'église; le plan devait indiquer les projections et amorces de cette travée. Style indéterminé.

PLANCHES LXVII ET LXVIII. — PORTIQUE POUR LES NEUF MUSES.

M. NAVARRE (1874)

Il était demandé par le programme un portique destiné à décorer et embellir le parc d'une grande propriété. Ce portique, destiné à être à la fois un but de promenade et un lieu de repos, devait comporter dans sa décoration : des exèdres, des fontaines, des bancs de verdure, etc., et son principal ornement devait se trouver dans l'emploi des statues des neuf Muses comme motif principal d'ornementation.

Planches LXIX et LXXI. — Porte de parc.

M. Decrément (1848)

Même programme que planche LVI.

Nota. *Les premiers plans seuls ont été modifiés.*

Planches LXX et LXXI. — Fontaine pour caravane.

M. Bunot (1875)

Même programme que planche XII de la première série.

Nota. *L'ensemble du rendu a été transformé.*

Planche LXXII. — Un Exèdre.

M. F. Roux (1866)

Il était demandé par le programme le projet d'un exèdre couvert, orné, à l'instar de ces sortes d'édicules, de rampes, fontaines, bancs, gazons, etc.

Le programme, qui était celui d'un concours au premier essai de grand prix, demandait en plus le détail de l'ordre employé dans le projet par chacun des concurrents.

Nota. *Le rendu a été entièrement conservé.*

J. BOUSSARD.

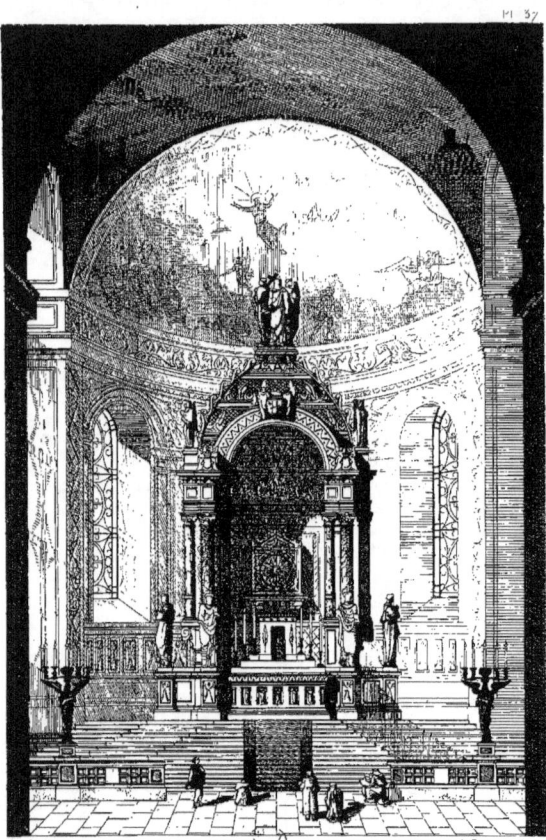

Un Reliquaire.   J. Boussard sc.

M. CLÉRET (1874).

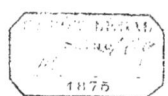

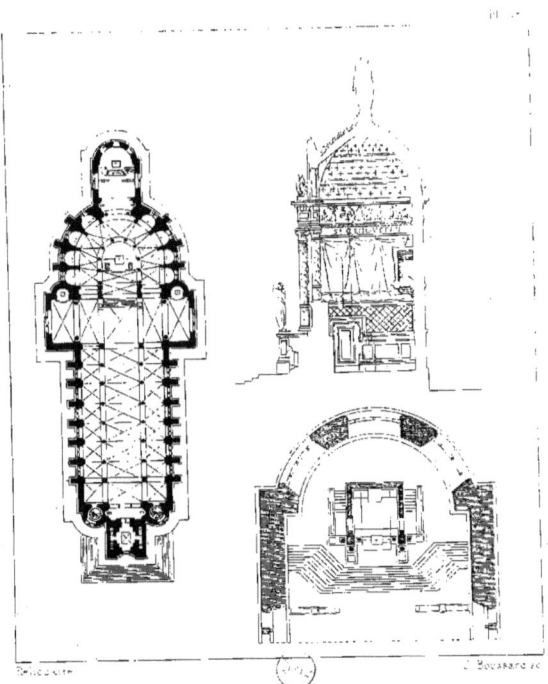

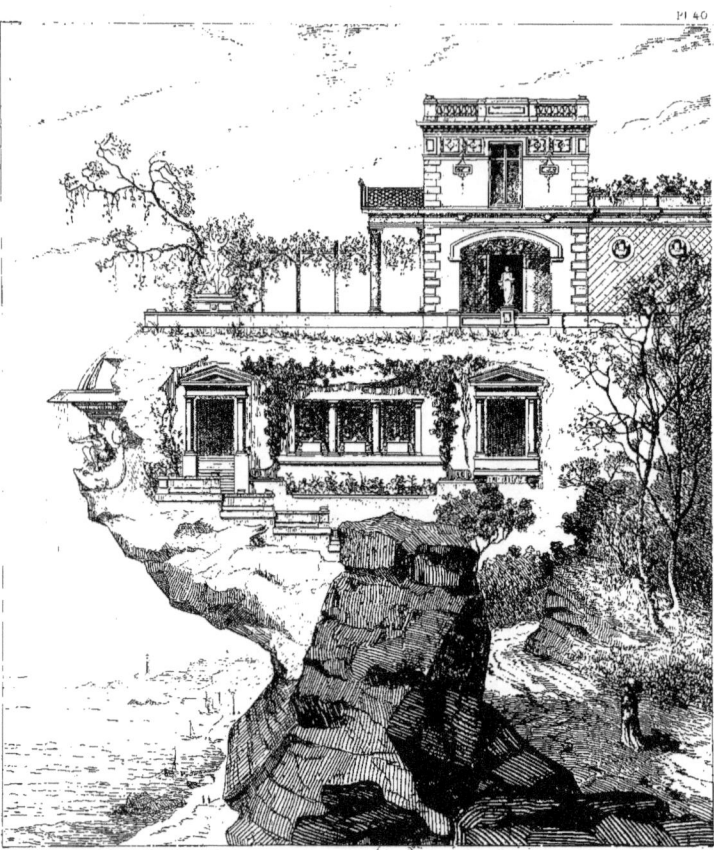

Une bastide sur les bords de la Méditerranée

M. NAVARRE (1873).

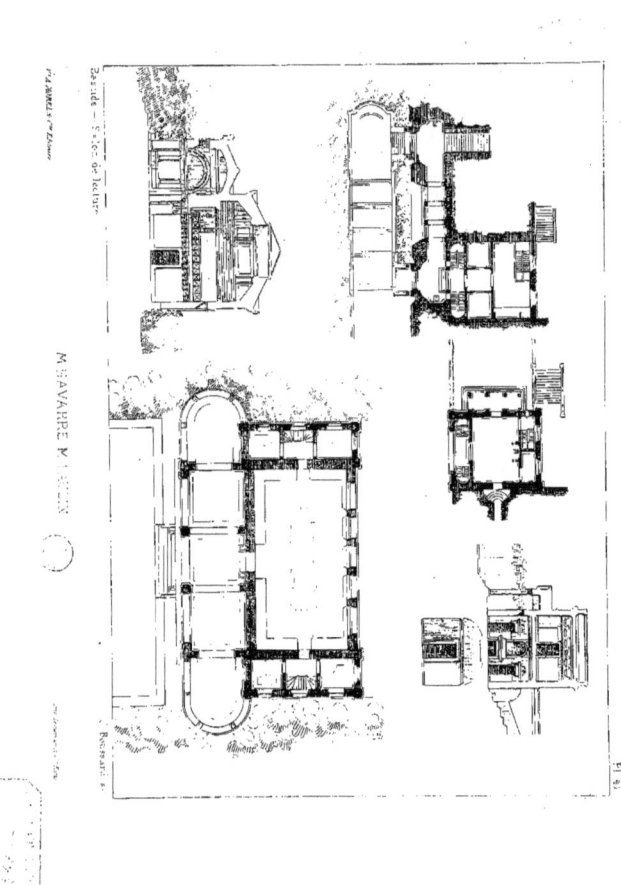

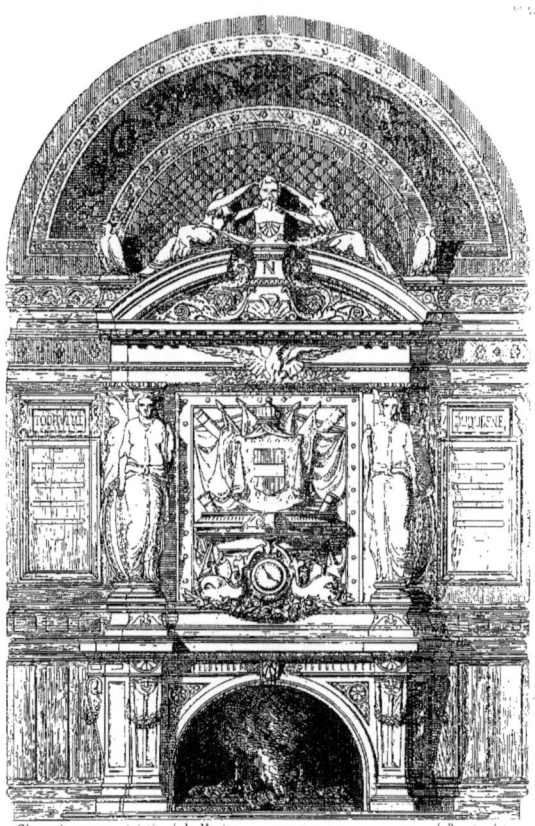

Cheminée pour un ministère de la Marine. J. Boussard sc.

M. LAFOLLYE (1854).

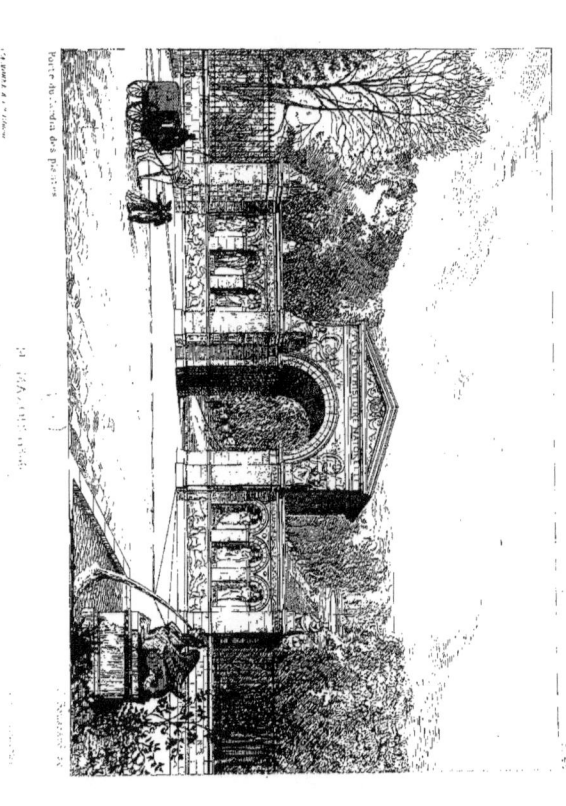

Porte du jardin des plantes

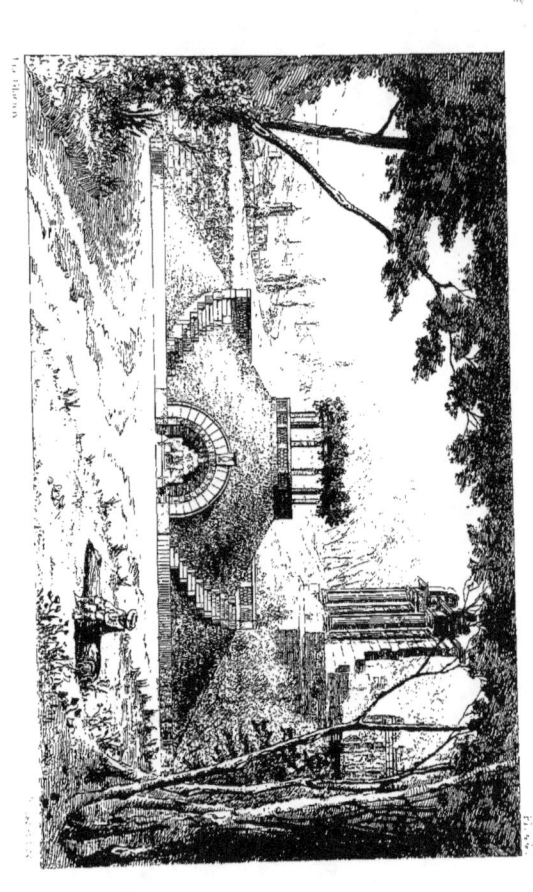

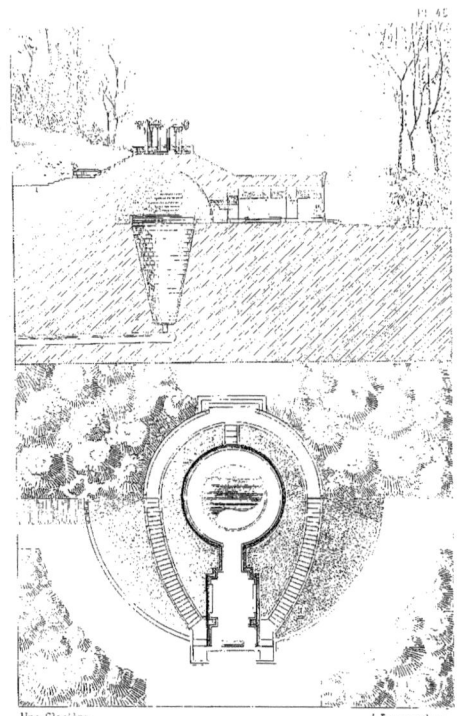

Une Glacière.

M. HEBERT (1812)

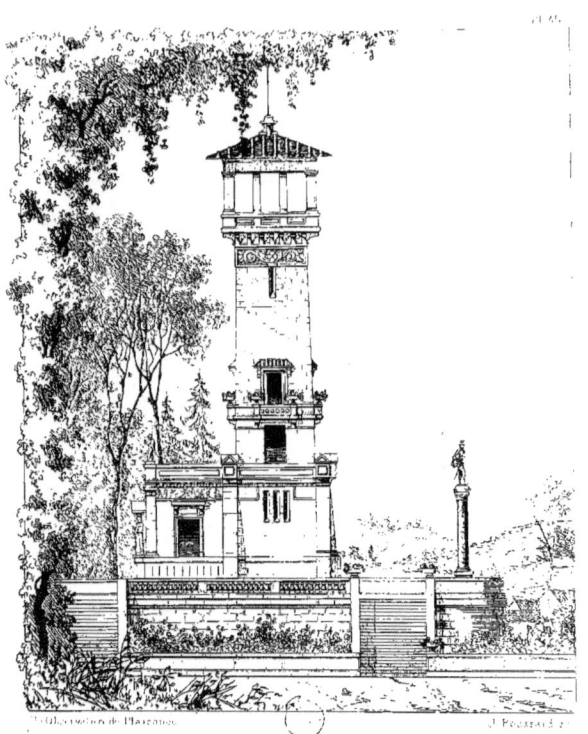

M. ARNAUD (1872)

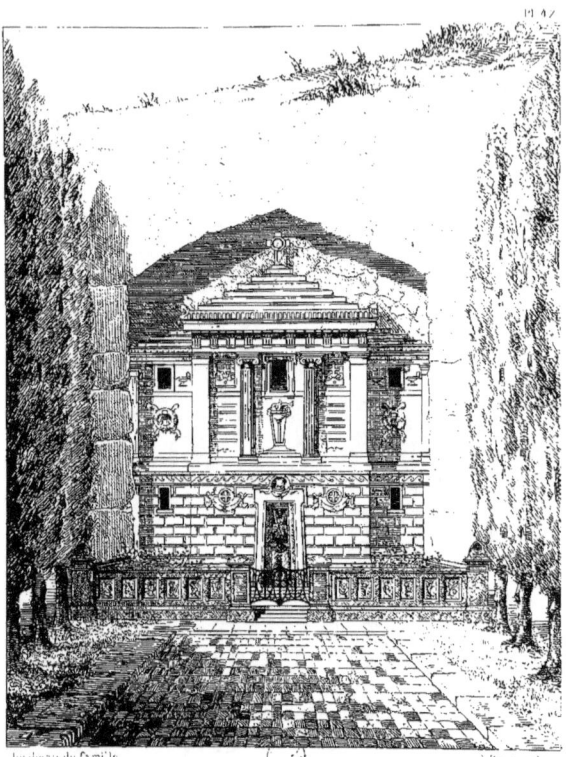

Tombeau de famille

R. TE DAUPHIN (65.1)

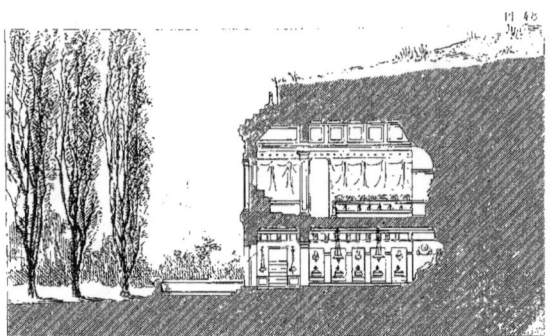

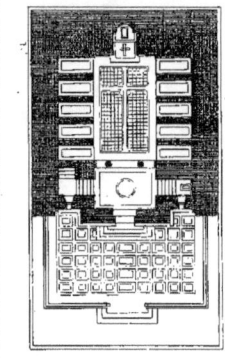 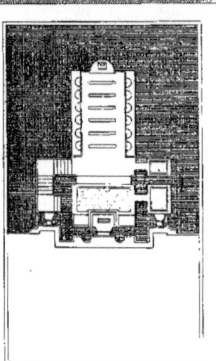

Tombeau de famille. J. Boussard

M. TH. DAUPHIN (1871).

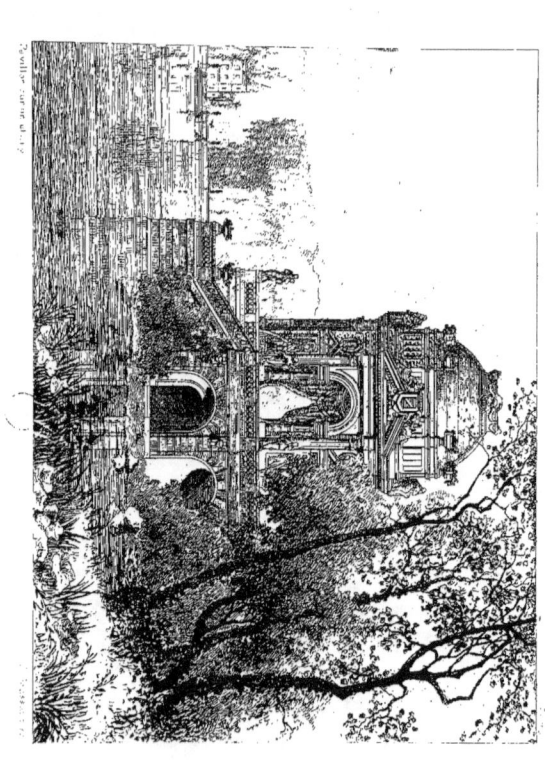

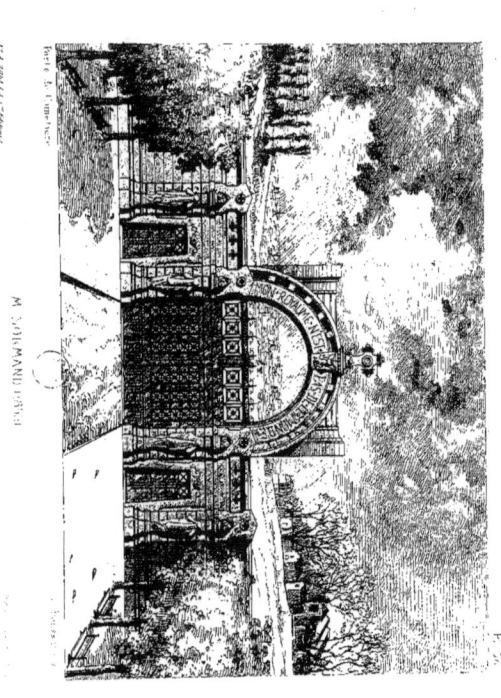

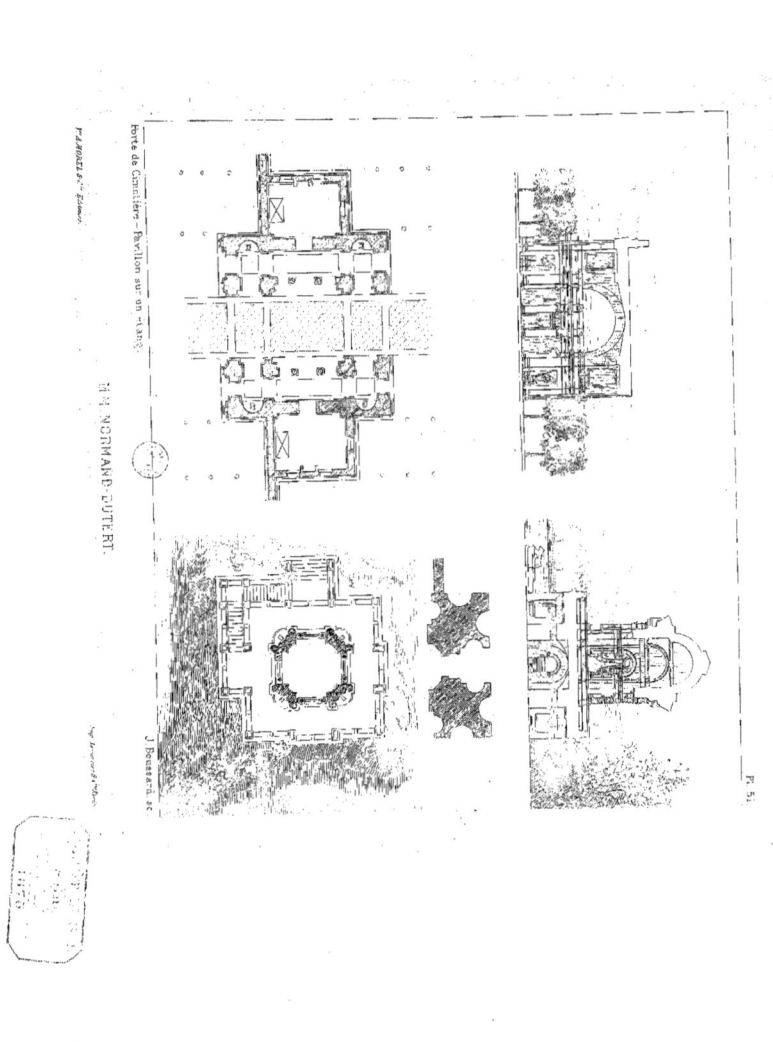

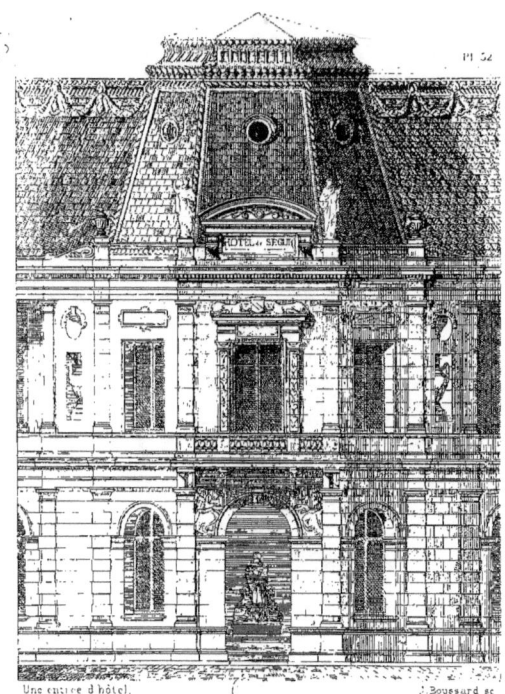

Une entrée d'hôtel. M. DANJOY (1865).

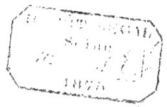

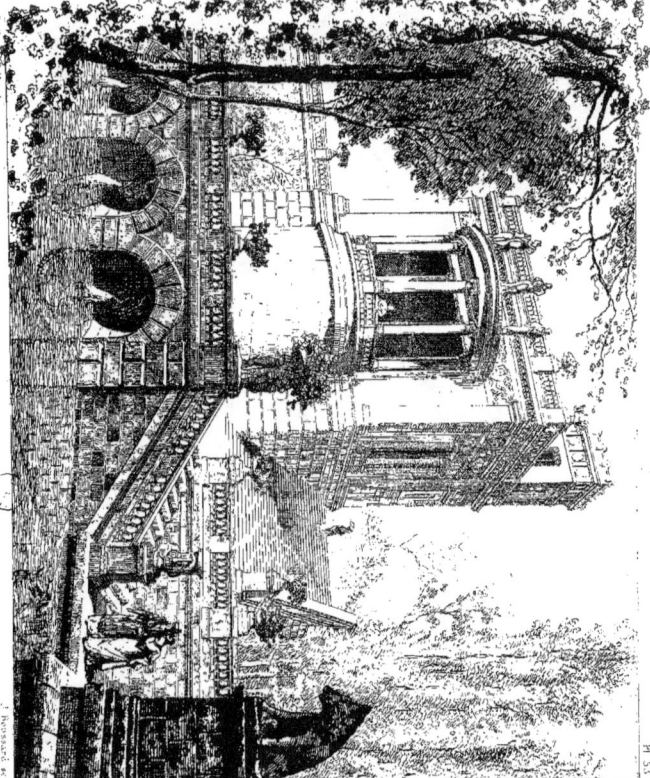

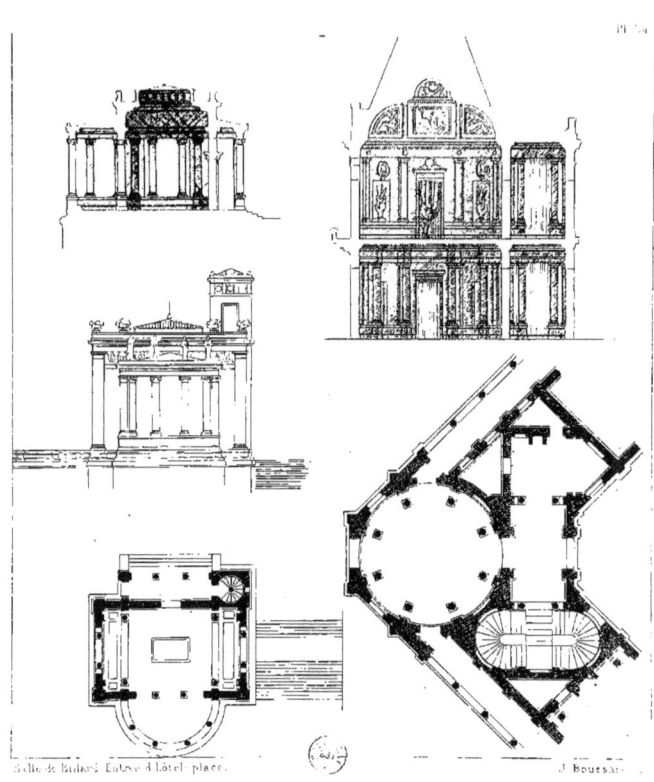

MM ROUX DANJOY

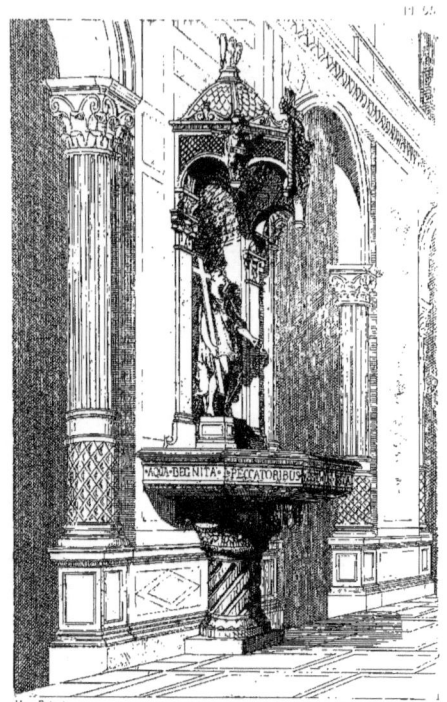

Un Bénitier

M. VILLAIN (1889)

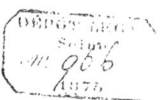

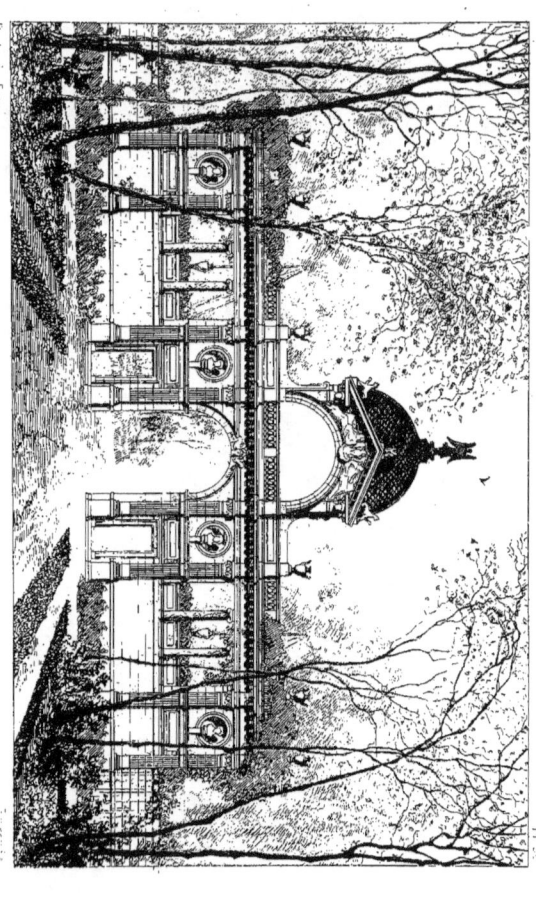

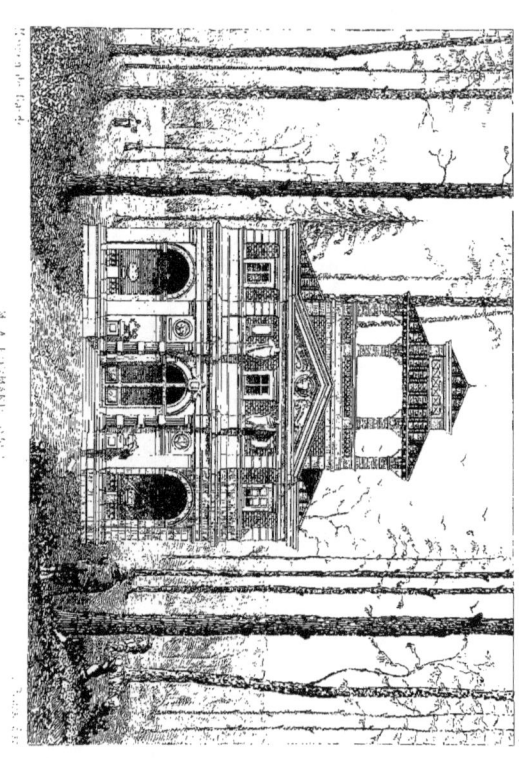

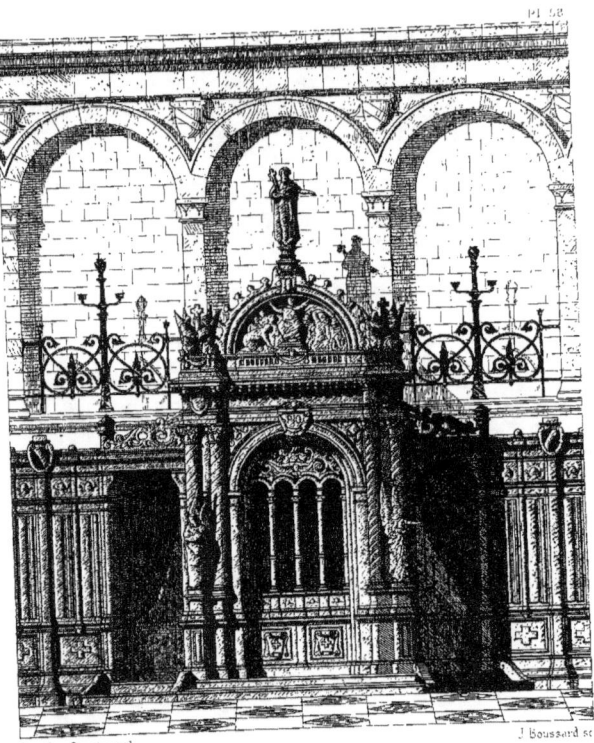

Un Confessionnal — Mr PAULIN (1867)

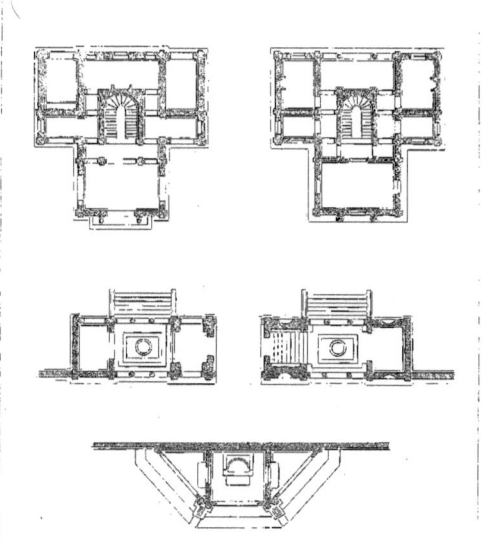

Porte de Parc — Maison de Garde — Confessionnal.

M.M. A. LEBRUN, A. NORMAND, PAULIN.

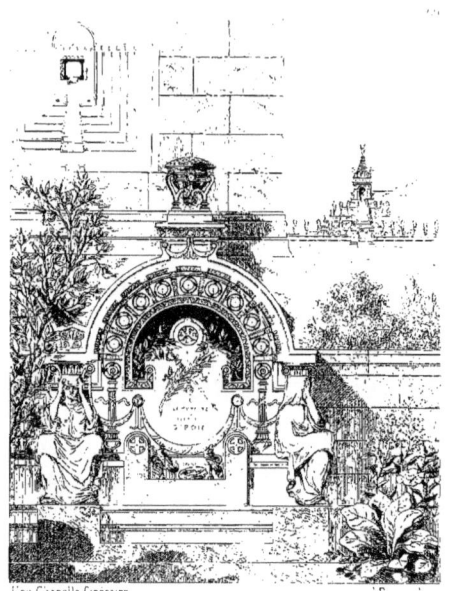

Une Chapelle funéraire. J. Boussard sc.

Mr FLUCHÈRE (1867).

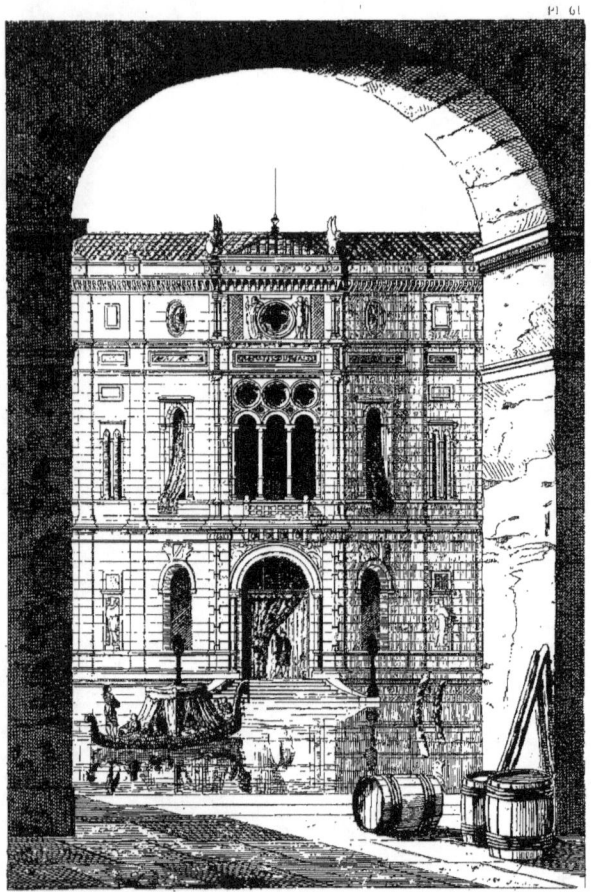

Hôtel sur un pan coupé sur un Canal

M. H. MAYEUX (1866)

Pl. 62

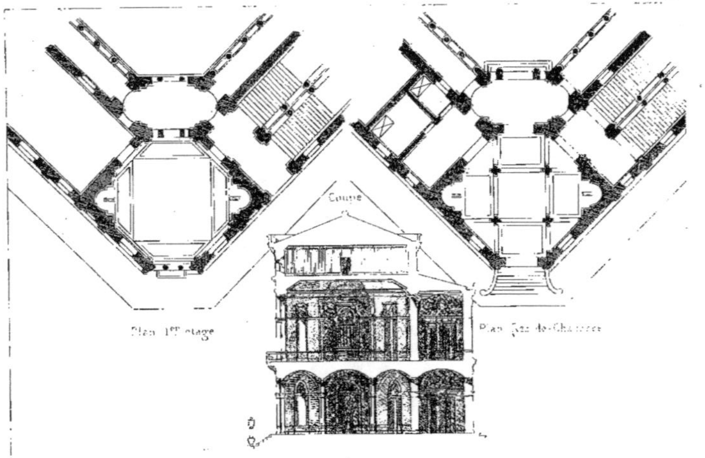

M. EH. MAYEUX, arch.t

Hôtel situé sur un pan coupé à deux rues.

Plan 1er étage

Coupe

Plan rez-de-chaussée

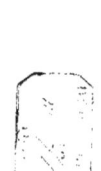

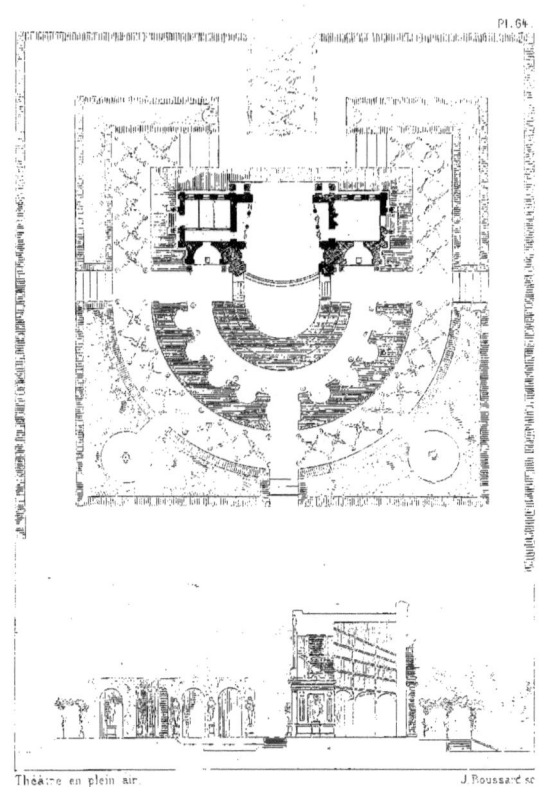

Théâtre en plein air.

M. E. NAVARRE (1873)

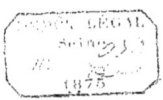

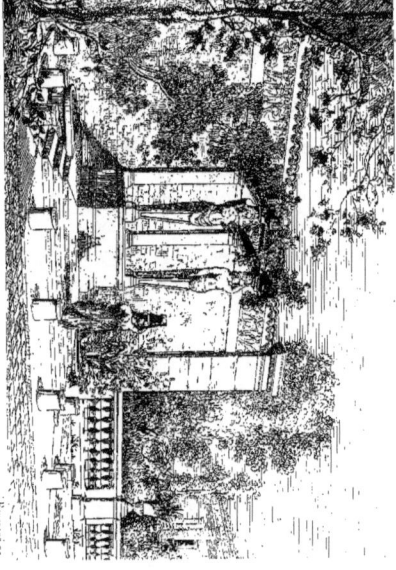

Décoration d'un Puits

Mr P. ROUX 1889

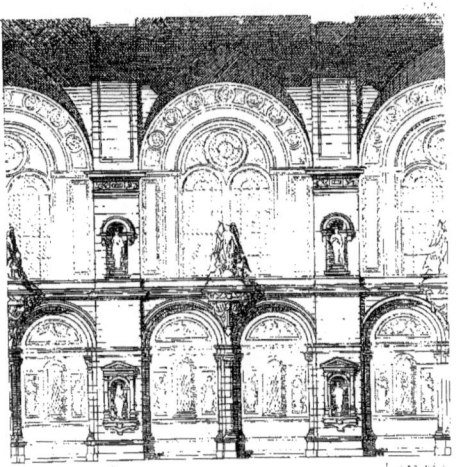
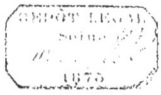

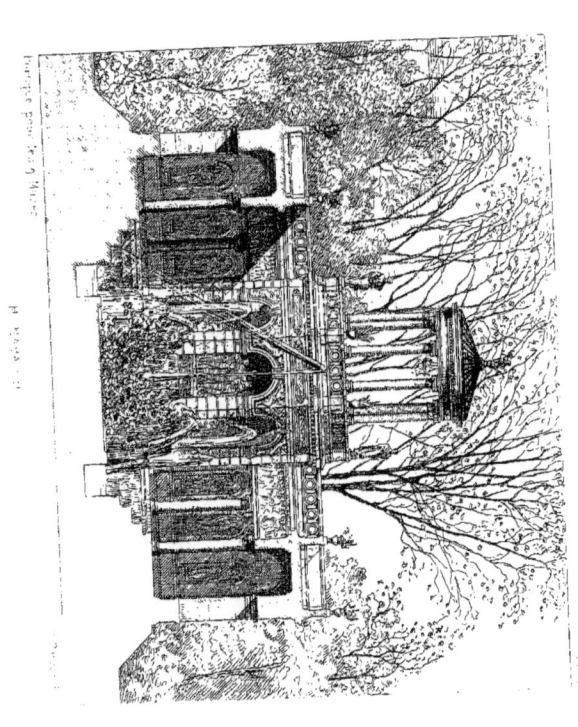

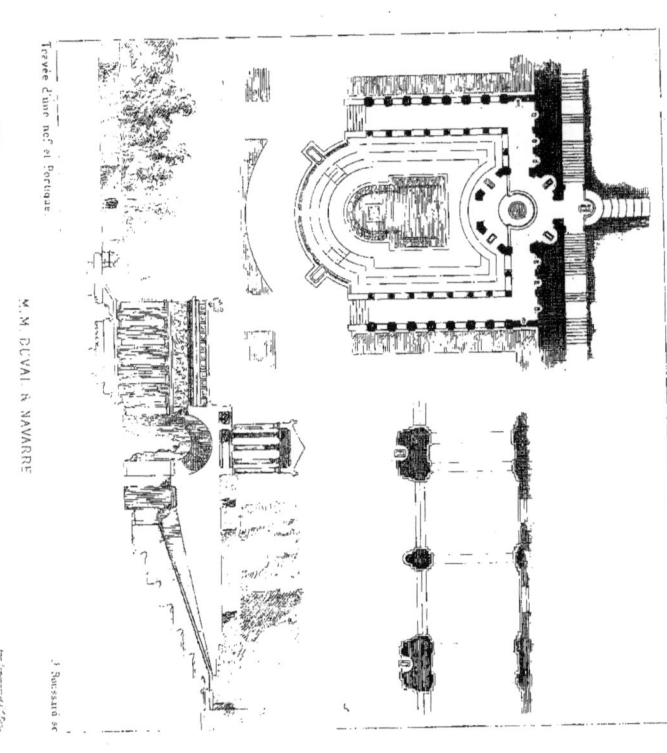

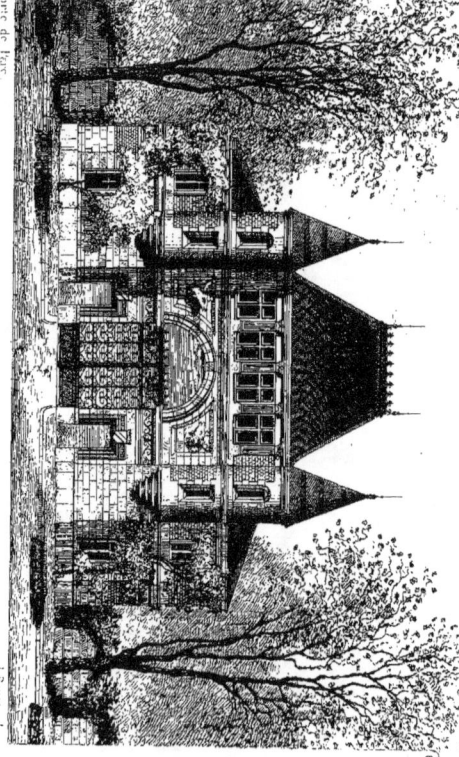

Porte du Parc
Mon DE CLERMONT 1848

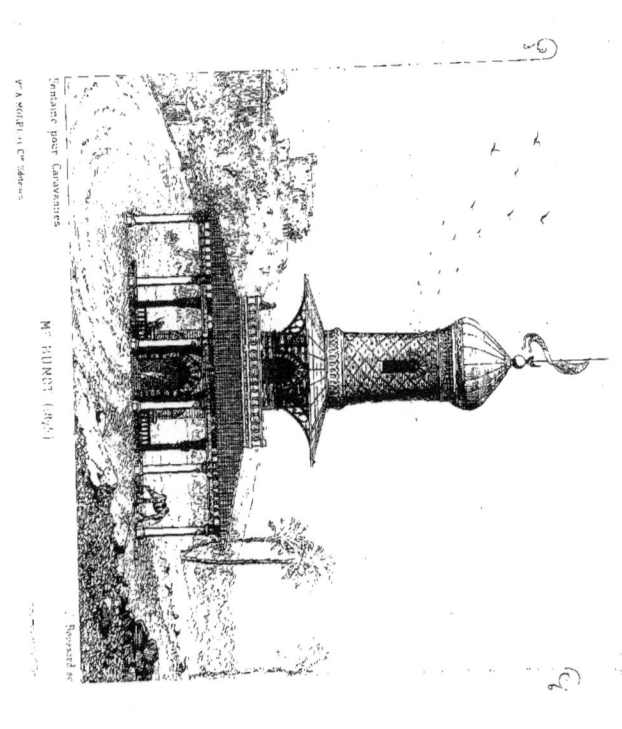

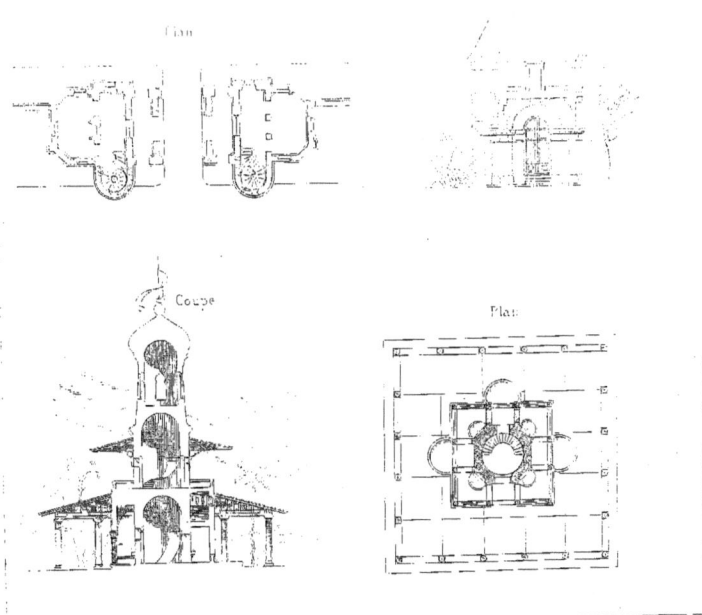

Porte de Parc et Fontaine

M.M. DECREMENT & BUNOT

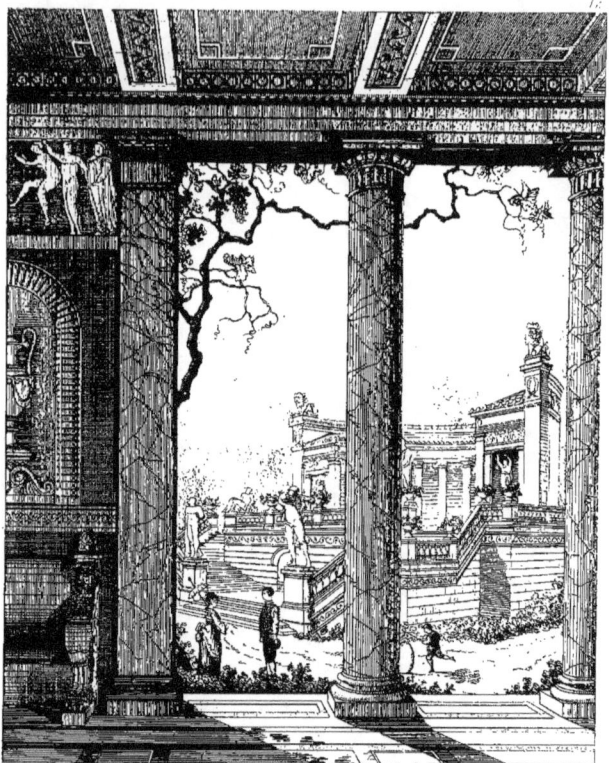

h. exèdre

Ph. I. NODY (366)

PUBLICATIONS PÉRIODIQUES

:yclopédie d'architecture (2e série), revue
nensuelle des travaux publics & particuliers,
ubliée sous la direction d'un Comité d'archi-
ectes & d'ingénieurs.

Il paraît par an 12 numéros, formant 1 vol. in-4°, composé de 72 planches & de 18 feuilles de texte avec gravures intercalées.

Abonnement annuel. — Paris. . . . . . 40 fr.
— — — Départements. . 45 fr.

La 4e année est en cours de publication.

zette des Architectes & du Bâtiment (2e série),
Annuaire de l'architecte & du constructeur.

Il paraît chaque mois 2 numéros d'une feuille de 8 pages in-4° avec dessins intercalés. L'année forme un volume de 200 pages environ.

Abonnement annuel. . . . . 20 fr.
Pour les abonnés de l'Encyclopédie . . . 10 fr.

La 4e année est en cours de publication.

(l') pour tous, encyclopédie de l'art industriel
& décoratif, paraissant les 15 & 30 de chaque
nois, publié sous la direction de Cl. Sauvageot.

L'abonnement part du 15 janvier. — Chaque année forme un beau volume in-folio.

Prix de l'abonnement annuel, 24 numéros. 24 fr.
Chacune des années parues. . . . . . 30 fr.
Les 2e, 3e & 4e années exceptionnellement sont composées de 36 numéros.

La 14e année est en cours de publication.

urnal de menuiserie, revue mensuelle, sous la
direction de P. Chabat, architecte.

Il paraît tous les deux mois un numéro double composé de 8 planches & d'une feuille de texte in-4° illustré.

Paris & départements. . . . . 24 fr.
Chaque année parue, en carton. . . . . 25 fr.
— reliée. . . . . 30 fr.

La 12e année est en cours de publication.

urnal de serrurerie, revue mensuelle.

Il paraît tous les deux mois un numéro double composé de 8 planches & d'une feuille de texte in-4° illustré.

Paris & départements. . . . . 24 fr.
Chaque année parue, en carton. . . . . 25 fr.
— reliée. . . . . 30 fr.

La 2e année est en cours de publication.

urnal-Manuel de peintures (2e série) appliquées à
a décoration des monuments, appartements,
nagasins, &c., par une société de peintres déco-
rateurs, sous la direction de P. Chabat, architecte.

Il paraît chaque mois un numéro dans le format in-folio, composé de quatre pages de texte & de deux planches imprimées en couleur par les procédés chromolithographiques.

Prix : abonnement annuel. . . . . . . 25 fr.
— chaque année parue. . . . . . 30 fr.
Collect. compl. des 20 premières années. 700 fr.

La 5e année de la 2e série (25e année) est en cours de publication.

UVRAGES EN COURS DE PUBLICATION.

(l') arabe, d'après les monuments du Kaire,
depuis le VIIe siècle jusqu'à la fin du XVIIIe,
par Prisse d'Avesnes.

2 volumes de planches & un volume de texte.

Les 2 volumes de planches paraîtront en 50 livraisons de 4 planches en gravure ou en chromolithographie. Le volume de texte de 300 ou 400 pages grand in-4°, sera publié avec la dernière livraison de planches.

Prix de la livraison :
Édition sur papier grand raisin in-plano. . 20 fr.
Édition sur papier demi-petit colombier. 15 fr.

36 livraisons sont en vente.

*tionnaire des termes employés dans la con-
truction*, par P. Chabat, architecte.

2 volumes grand in-8°, avec 2500 figures intercalées dans le texte, publiés en 6 fascicules.

L'ouvrage complet. . . . . 60 fr.
Le 1er volume, en vente. . . . . . . 37 fr. 50
Le 4e fascicule, sous presse . . . . . 12 fr. 50

Les fascicules 5 et 6 seront fournis gratuitement.

*tionnaire raisonné du mobilier français, de
époque carlovingienne à la Renaissance*, par
E. Viollet-le-Duc.

1er & 2e vol. Meubles, ustensiles, orfévrerie, instruments de musique, jeux & passe-temps, outils.
3e & 4e vol. Vêtements, bijoux de corps, objets de toilette.
5e & 6e vol. Armes offensives & défensives.

Édition grand in-8°. — Prix, broché. . 300 fr.
Édition de luxe, tirée à 100 exemplaires, sur papier de hollande, in-8° raisin.
Prix, broché. . . . . 450 fr.

Habitations modernes, recueillies par E. Viollet-le-Duc, avec le concours du comité de rédaction de l'*Encyclopédie d'architecture* & la collaboration de F. Narjoux, architecte.

L'ouvrage se composera de 200 planches in-folio gravées sur acier & d'un texte explicatif, & paraîtra par livraisons de 20 planches, donnant des types de :
1° Habitations de ville, maisons à loyer, hôtels, maisons privées ;
2° Habitations des champs, maisons de campagne, villas, constructions rurales.

Pour les souscripteurs, prix de l'ouvrage complet. . . . . 200 fr.

La première partie (100 planches) est en vente.

Une fois le dernier fascicule paru, le prix de l'ouvrage complet sera augmenté.

Monographie du palais de Fontainebleau (2e édition), par Rodolphe Pfnor. — Cette 2e édition comprend les mêmes planches que la première, mais sans le texte.

150 planches avec tables explicatives, paraissant en six séries de 25 planches chacune.

Prix de la série . . . . 30 fr.
L'ouvrage complet, en carton. . . . . . 180 fr.

Les cinq premières séries sont en vente.

Monuments (les) principaux de la France, reproduits en héliogravure, par E. Baldus.

L'ouvrage se composera de 60 planches en héliogravure et sera publié en 3 livraisons de 20 planches.

Prix de la livraison . . . . 80 fr.
L'ouvrage complet. . . . . 240 fr.

La 1re livraison est en vente.

OUVRAGES TERMINÉS

Architecture communale, hôtels de ville, mairies, maisons d'école, salles d'asile, presbytères, halles & marchés, abattoirs, lavoirs, fontaines, &c., &c., par F. Narjoux, architecte.

2 volumes grand in-4° jésus, comprenant 150 planches gravées & 15 feuilles de texte avec une préface de E. Viollet-le-Duc.

Prix, en carton. . . . . 120 fr.
Reliés . . . . 140 fr.

Architecture, décoration & ameublement, époque Louis XVI, dessinés & gravés d'après les motifs choisis dans les palais nationaux, le mobilier de la Couronne & les monuments publics, avec texte descriptif, par R. Pfnor.

1 volume in-folio composé de 50 planches gravées & d'un texte historique & descriptif illustré.

Prix, en carton. . . . . 125 fr.

Architecture (l') des nations étrangères, étude sur les constructions du parc à l'exposition universelle de Paris en 1867, par Alfred Normand, architecte du gouvernement.

Un volume grand in-folio, composé d'un texte illustré & de 73 planches gravées ou en couleur.

Prix, en carton . . . . 90 fr.

Architecture (l') du Ve au XVIIe siècle & les arts qui en dépendent, la sculpture, la peinture murale, la peinture sur verre, la mosaïque, la ferronnerie, &c., publiés d'après les travaux inédits des principaux architectes français & étrangers, par J. Gailhabaud.

L'ouvrage forme 4 volumes in-folio, comprenant plus de 400 planches gravées ou en couleur. Un texte, même format, illustré de bois, accompagne chaque volume.

Prix, en carton. . . . . 400 fr.

Architecture & Décoration turques au XVe siècle, par Léon Parvillée.

50 planches in-folio, gravées ou imprimées en couleur avec texte descriptif par L. Parvillée & préface de E. Viollet-le-Duc.

Prix . . . . 120 fr.

Architecture romane du midi de la France, mesurée, dessinée & décrite par Henri Revoil, architecte du gouvernement, publiée sous le patronage du Ministère des Beaux-Arts.

Cette publication, faite en 60 livraisons in-folio, avec un appendice comprenant des découvertes importantes relatives à la classification chronologique des monuments décrits dans l'ouvrage & à l'existence de nombreux restes d'architecture carlovingienne dans le midi de la France, forme 3 volumes in-folio avec texte explicatif & 221 planches & bois gravés dans le texte.

L'ouvrage complet, en carton. . . . . 260 fr.

Arts (les) arabes, architecture, menuiserie, bronzes, plafonds, revêtements, pavements, vitraux, &c., par Jules Bourgoin, architecte.

Un volume comprenant : — Première partie : le *Trait général de l'Art arabe*, un texte explicatif avec gravures intercalées & la description des planches ; — deuxième partie, 92 planches gravées ou chromolithographiées.

Prix . . . . 200 fr.

Cent Statues, dessinées & gravées à Rome en 1638, par F.-B. Perrier (nouvelle édition faite sur les planches originales).

1 vol. in-4° de 100 planches, imprimées sur chine,
Prix, en carton. . . . . 35 fr.

Chapelles de Notre-Dame de Paris. — Peintures murales exécutées sur les cartons de E. Viollet-le-Duc, relevées par Maurice Ouradou, inspecteur des travaux de la cathédrale.

Un volume in-folio, composé d'un texte descriptif & explicatif, de 62 planches imprimées en couleur.

Prix, en carton. . . . . 220 fr.
— relié . . . . 240 fr.

Collection Basilewsky. — Catalogue raisonné, précédé d'un essai sur les arts industriels du Ier au XVIe siècle, par Alfred Darcel & A. Basilewsky.

1 volume in-4° de texte & 49 planches, même format en noir ou en chromolithographie.

Prix. . . . . 250 fr.

Histoire des arts industriels au moyen âge & à l'époque de la Renaissance (2e édition, revue & augmentée), par J. Labarte, membre de l'Institut.

3 volumes in-4° comprenant :
1° Le texte complet, revu et corrigé de la 1re édition, auquel l'auteur a fait de nombreuses additions ; — 2° 81 planches placées en regard de la page du texte où il est question des chefs-d'œuvre qu'elles représentent ; — 3° 85 vignettes gravées sur bois, servant d'illustrations au texte & reproduisant toutes des objets décrits par l'auteur.

Prix. . . . . 300 fr.

50 exemplaires ont été tirés sur papier de hollande.

Prix, broché . . . . 500 fr.

Fragments d'architecture, Égypte, Grèce, Rome Moyen âge, Renaissance, Âge moderne, &c., avec notices descriptives, par P. Chabat, architecte, publiés sous le patronage de l'École spéciale d'architecture, pour servir aux études & aux exercices préparatoires de cette école.

60 planches, publiées en deux séries de 30 planches.
Prix de l'ouvrage complet. . . . . . . 45 fr.

Décorations intérieures & meubles des époques Louis XIII & Louis XIV, reproduits d'après les compositions de Crispin de Passe, L. Vredeman de Vries, Sébastien Serlio, Bérain, Jean Marot, de Bross, &c., & relevés sur des monuments de ces deux époques par L. Adams, architecte.

1 vol. in-folio composé de 100 planches gravées sur acier & d'une introduction, le tout dans un carton.

Prix. . . . . 100 fr.

Dictionnaire des architectes français, comprenant plus de 1,650 notices, 27 planches reproduisant des sceaux ou des signatures autographes, avec table analytique des matières, noms de personnes, lieux & édifices cités dans l'ouvrage, par Adolphe Lance.

2 volumes gr. in-8° de 400 pages environ chacun.
Prix, brochés . . . . 25 fr.

Dictionnaire raisonné de l'architecture française du XIe au XVIe siècle, par E. Viollet-le-Duc.

10 volumes in-8°, dont un de tables, illustrés de 3,745 bois gravés & du portrait de l'auteur gravé par Massard.

Prix, brochés. . . . . 250 fr.

Édifices de Rome moderne, dessinés, mesurés & décrits par Paul Letarouilly, architecte du gouvernement.

3 volumes grand in-folio colombier, contenant 355 planches gravées, avec le portrait de l'auteur & le plan de Rome, & 3 tomes de texte en 1 volume in-4° d'environ 800 pages ornées de gravures sur bois.

Prix, en feuilles. . . . . 366 fr.
Cartonné. . . . . 390 fr.

Églises de bourgs & villages, par A. de Baudot, architecte.

2 vol. grand in-4° jésus, comprenant 150 planches accompagnées d'un texte illustré de bois.

Prix, en carton. . . . . 120 fr.
— reliés. . . . . 140 fr.

Encyclopédie d'architecture (1re série), d'après les dessins de V. Calliat, texte par A. Lance, architectes.

12 volumes in-4°, contenant chacun 120 planches gravées ou en chromolithographie, & un texte de 192 colonnes in-4° ; chaque vol. se vend séparément

Prix du volume. . . . . 40 fr.
Les 12 vol., en carton. . . . . 400 fr.

Entretiens sur l'architecture, par E. Viollet-le-Duc.

2 volumes in-8° & deux atlas.

www.ingramcontent.com/pod-product-compliance
Lightning Source LLC
Chambersburg PA
CBHW070204230526
45471CB00002B/811